CANIL PARA CACHORRO LOUCO

Maicon Tenfen

CANIL PARA CACHORRO LOUCO

GRYPHUS
Rio de Janeiro

© *copyright*, 2013
Maicon Tenfen

Produção editorial
Gisela Zincone

Conselho editorial
Regina Bilac Pinto
Gilson Soares
Antonio de Souza e Silva
Julia Neiva
Maria Helena da Silva

Editoração eletrônica
Vilmar Schuetze

Capa e projeto gráfico
Axel Sande - Gabinete das Artes

Elaborada pela Biblioteca Central da FURB

T292c	Tenfen, Maicon, 1975- Canil para cachorro louco / Maicon Tenfen. - Rio de Janeiro : Gryphus, 2013. 79 p. ISBN 978-85-8311-008-8 1. Literatura brasileira. 2. Ficção. I. Título. CDD 869.93

GRYPHUS EDITORA
Rua Major Rubens Vaz, 456 – Gávea – 22470-070
Rio de Janeiro – RJ – Tel: (0XX21) 2533-2508
www.gryphus.com.br– e-mail: gryphus@gryphus.com.br

1

Foi a primeira vez que o professor Genésio Campanelli procurou uma garota de programa. O curioso é que não houve premeditação. Acordou como em todas as manhãs, dirigiu até a Universidade, burocraticamente lecionou para uma primeira turma e, ao seguir para a sala da segunda, descobriu que seus alunos não compareceriam por uma razão que não se deu ao trabalho de entender.

— Que pena — disse ao auxiliar de coordenação. — Estou com a matéria tão atrasada...

Na verdade sentiu-se feliz ao saber que não haveria aula. Apenas lamentou não ter levado consigo as contas de água e luz. Se tivesse os talões, poderia aproveitar o tempo e pagá-los agorinha mesmo. Não, não, balançou a cabeça, que mania a minha, e riu de sua obsessão pelos detalhes e pelo dever cumprido.

Antes de voltar para casa, decidiu passar na sala dos professores e folhear os jornais. Por que não pegou o carro e saiu com a pressa de sempre? No dia seguinte, ao meditar sobre as consequências desse seu ato, não conseguiria compreender se tudo que sofreu foi obra do acaso ou de alguma retaliação divina.

— Bom dia, Carol.

— Bom dia, professor. Que bom que o senhor desceu antes de ir embora. Acabei de anotar um recado da sua esposa.

Bolsistas em sua maioria, as secretárias eram sempre jovens e atraentes. Não que fossem todas bonitas, longe disso, algumas exibiam imperfeições gritantes, mas o viço de seus cabelos e a coloração de sua pele às vezes tiravam o sossego do professor.

Carol, por exemplo. Era impossível ignorar os decotes que exibia sob o falso ar de inocência. Tinha um sorriso tão espontâneo que frequentemente levava o professor a se arriscar em gracinhas de adolescente. E ela se mostrava receptiva, estimulava a conversa e as brincadeiras, "dava-lhe trela", como se dizia no seu tempo, sim, trela, mas dentro de limites que ele sabia insuperáveis.

O que queria Carol? O que queriam todas as outras que, dia a dia e com as luzes da juventude, ameaçavam a tranquilidade cavernosa dos seus 57 anos? Rir, por certo, que mais? Zombar do velhote palerma — sabiam que já é avô? —, promover-se em relatos teatrais, estavam sendo assediadas pelo professor fulano de tal, acreditam? Coitado, não passa de um santarrão de fachada, só não damos queixa para evitar bafafá.

— Professor?

— Ahn?

— Está se sentindo bem?

— Eu... eu...

— O senhor ficou aí parado me olhando. Aconteceu alguma coisa?

— Sim, eu, quer dizer... não... desculpe!... Você disse que tinha um recado pra mim?

— Da sua esposa.

Apanhou o papelzinho e agradeceu, afastou os olhos do decote de Carol. Quase um sexagenário, precisava se comportar, ficar acima das fraquezas, das tentações. Onde se ganha o pão não se come a carne, não foi assim que lhe ensinaram? Odiava imaginar que poderia ser apontado nos corredores como velho paquerador de estagiárias.

Leu o bilhete — a letra de Carol era firme e redondinha — enquanto se aproximava da mesa e dos jornais. "Não esquecer de comprar café e leite em pó". Ah, Irene, pra que ficar chateando com esses recadinhos bobos? Poderia chamá-lo no celular, seria tão simples, mas preferiu passar a mensagem por uma terceira pessoa, mesmo sabendo que seu esposo, obsessivo pelas miudezas do cotidiano, não tinha a menor chance de se esquecer do café, do leite e de tudo mais que lhe pedissem quando saía de casa.

Irene, Irene... Trinta anos você passou ocupando telefonistas e secretárias com seus recados mesquinhos, talvez uma forma instintiva de se fazer presente, de dizer que era feliz com os bordados e o trabalho doméstico, agora com o netinho, com os móveis que de vez em quando reformava e vendia por preços absurdos. Seus lembretes não passavam de álibis para anunciar ao mundo que, tão-logo batesse o sinal, Genésio Campanelli, o mais atencioso dos pais e dos maridos, voltaria correndo para o seio de uma perfeita família cristã.

O que as pessoas pensavam disso? Acaso faziam comentários sobre sua esposa, mulher inculta e acomodada que de vez em quando usava o telefone para lembrar que a vida se resumia a um pacote de café e uma lata de leite em pó? O professor sentou-se e abaixou a cabeça, imaginou se a secretária estaria observando sua reação. Por mais que tentasse, não conseguia sentir raiva da esposa. O defeito de Irene era mínimo e insuportavelmente humano. Ela só precisava deixar claro que existia, que estava lá e que esperava por ele.

— Irene... Por que nossa história não foi diferente?

— Chamou, professor?

— Ahn? Não, Carol... não... obrigado! Só estou pensando alto. Coisa de velho, você sabe.

Guardou o papelzinho no bolso da camisa e abriu o jornal nos classificados. Sempre quis comprar um apartamento na praia. A aposentadoria não tardava, só mais alguns meses, era tempo de se decidir por algum imóvel, raspar a caderneta de poupança e fechar o melhor negócio possível. Verdade que não conseguiu economizar muito nas últimas décadas, deu faculdade e um carro para cada filho, teve de arcar com as despesas médicas dos sogros, que morreram lentamente, duas vezes ampliou a casa, fez reformas. Mesmo assim acreditava possuir uma boa soma para a entrada do imóvel, o resto quitaria em prestações mensais durante os próximos vinte anos, ou seja, até as vésperas da sua morte.

A filha mais velha era formada em fisioterapia, casou com um advogado, ambos estavam trabalhando e prosperavam. O mais novo é que parecia um pouco deslocado. Botou na cabeça que se casaria em breve, antes de concluir o curso de medicina, mas ainda não possuía renda nem lugar para morar. A mudança para a praia seria providencial. Deixaria a casa para o filho e a nora, pelo menos até que saíssem da faculdade e se ajeitassem na vida.

O professor já não lia os anúncios, as ofertas, as barbadas, apenas folheava o jornal, dormente. Acordou quando seus olhos se fixaram em algo escrito no topo da página. Acompanhantes. Por um momento, sua mente ficou livre de recordações.

Então compreendeu um pouco melhor o significado do eufemismo. Abaixo viu dezenas de nomes femininos e números de telefones dispostos em retângulos de todos os tamanhos, alguns com descrições ou fotos provocantes. Yasmim, morena de 22 anos, safada, fogosa e super liberal. Shaiane, 21, loiraça, boca excitante, corpo sexy, com ou sem acessórios. Rebeca, 18, linda morena exótica, também atende casais. Passou as duas mãos pela cabeça, segurou a nuca, estirando-se para trás, deixou que seu olhar se fixasse nas páginas do jornal. Ali também encontrou uma certa Carol, "ruivinha tipo mignon", que o fez olhar de novo para a secretária e deixar que sua mente cedesse a uma velha fantasia. Sim, Genésio, aqui você é um escravo, tudo é monitorado, as pessoas o policiam, mas no mundo existem lugares em que a imaginação se torna realidade, todos sabem disso, inclusive Irene, lá você terá sua aventura, seus minutos de rei. Ainda que a Carol que se vendia nos classificados não fosse a mesma que agora tagarelava ao telefone, era certo que possuíssem o mesmo viço e o mesmo frescor da juventude.

    Devagar, transferiu a página para sua pasta de couro falsificado. Embora repetisse a si mesmo que não faria isso, que era uma asneira, uma loucura, agia como autômato, sem admitir que seguiria em frente, que ligaria para algum daqueles números, mas também sem forças suficientes para parar.

Aos poucos compreendeu que, há dez minutos, não veio até a sala dos professores para procurar imóveis no jornal. Na verdade, as coisas começaram a acontecer logo ao descobrir que estaria livre na segunda aula.

Levantou-se, pegou a pasta, aproximou-se da secretária.

— Já vai, professor?
— Sim. Até logo.
— Até logo.

Caminhou na direção da porta de vidro, tocou-a, parou um instante. Sentia o coração bater forte.

— Carol? — voltou-se. — Você poderia me fazer um favor?
— Claro. O que é?
— Eu gostaria que você... você...

Como falar? Ganhou tempo com um cacoete: passou a mão pelos cabelos, massageou um pouco a nuca, contraiu os ombros. Então olhou as horas e voltou a tocar a porta de vidro.

— Nada, não, minha filha. Esquece.

Saiu fingindo pressa.

2

Para se sentir menos exposto, resolveu ligar de um telefone público. Encostou o carro perto de um orelhão que viu nas imediações da Universidade. Olhou para os lados antes de abrir a pasta. Cuidadoso, dela tirou a página das acompanhantes, mas demorou a desdobrá-la porque teve a impressão de que as pessoas que passavam na calçada podiam ler seus pensamentos e adivinhar o que pretendia fazer dali a alguns minutos.

Assim, em vez de sair do automóvel com aquele suspeito pedaço de jornal, resolveu memorizar um dos números, o de Carol, a "ruivinha tipo mignon". Discou três vezes. Ocupado. Deve estar atendendo outro cliente, pensou com repugnância. Remoendo sentimentos de autocensura, voltou para o carro decidido a ir embora. Chegou mesmo a ligar o motor, a engatar a primeira.

Antes de arrancar, porém, ainda uma vez olhou para a página das acompanhantes, ao lado, um pouco amarrotada e convenientemente escondida debaixo da pasta.

— Droga! — resmungou.

E memorizou um segundo número, o de uma "gatinha de 20 anos, morena linda e fogosa, faço tudo entre quatro paredes". Saiu do automóvel, tornou a pegar o telefone, discou. Agora não estava ocupado, mas demoravam a atender.

De repente:

— Alô!

Era uma voz feminina, sem dúvida, mas que se fazia ainda mais feminina pelo acento alongado e forçadamente sensual. O sangue ferveu nas veias do professor, que engoliu em seco e se atrapalhou com a respiração. Imaginou uma mulher jovem e vestida de rendas, uma garota que sorria como Carol e que o esperava numa cama redonda com colcha e travesseiros vermelhos.

— Alô? — repetiu ela.

Com tantas imagens se misturando na sua cabeça, ele emudeceu porque havia esquecido o nome da garota. Não haveria um terceiro alô, por isso precisava dizer alguma coisa:

— Quem fala?

— Com quem deseja falar?

Como era mesmo o nome? Não adianta, não conseguiria lembrar, devia entrar no assunto antes que ela desligasse.

— É aí que... que fazem programas?
— É, sim. Com quem estou falando?

Não esperava que fossem pedir seu nome. Sem tempo para refletir, pronunciou o primeiro que lhe veio à mente:

— Roberto.
— Ok, Roberto. Quer para agora?
— O quê?
— O programa. Quer fazer agora?
— Talvez. Depende.
— Tá indeciso, meu bem? Depende do quê?
— Depende, ora. Como é que as coisas funcionam aí?
— Ah, sei lá, funcionam como em qualquer outro lugar. Já fez programa antes?

Resolveu mentir:

— Já.
— Então! É a mesma coisa.
— Quanto custa?
— Oitentinha, mas dura uma hora inteira. Nesse tempo você pode gozar quantas vezes quiser. Eu só não faço oral sem camisinha e não costumo fazer anal, mas posso abrir uma exceção se você pagar um extra e não tiver o pau muito grande.

Novo silêncio. O professor ficou um pouco chocado com a objetividade da negociação. Eram palavras automáticas, decoradas. Quantas vezes ela repetia isso num dia?

— Alô? — tornou a garota. — Ainda está aí?
— Estou, sim. O anúncio diz que você faz

tudo entre quatro paredes. Não falava de pagamento extra.

— Tá a fim ou não tá, hein? Até agora ninguém reclamou do meu trabalho.

— Mas como é que vou saber se o anúncio é verdadeiro? Como é que vou saber se você realmente tem vinte anos?

— Só tem um jeito, meu bem: vindo aqui.

— Como é que faço pra chegar?

— Conhece bem o centro?

— Mais ou menos.

— Sabe onde fica o Edifício Cristóvão?

— Sei.

— Ao lado não tem um prediozinho de quatro andares?

— Acho que tem, não lembro, mas dou um jeito de encontrar.

— Ótimo. É ali que eu atendo. Toque a campainha do 342. Pode subir pela escada dos fundos. É superdiscreto.

Enquanto dirigia para o centro, viu uma placa de retorno e mais uma vez se deu conta de que estava cometendo um erro. Tudo indicava que seria melhor guinar para a direita ou para a esquerda — eram muitas as saídas — e voltar para a segurança do seu lar. Mesmo assim seguiu em frente. Uma força maior que o bom senso fazia com que se deixasse levar ao encontro da garota de programa.

E se for feia?, cogitou. E se for mais velha do que promete o anúncio? Simples: sairá de fininho, inventará uma desculpa, dirá que bateu na porta errada, não tem obrigação de ir até o fim só por causa de um contato telefônico superficial. Se houver reclamações ou o princípio de algum bate-boca, pagará pelo silêncio e pela calma da garota, tome, guarde o troco, os mesmos oitenta do programa, quem não gosta de receber sem trabalhar?

Nova placa de retorno. Tirou o pé do acelerador, mas continuou em frente. Pode gozar, disse ela, pode gozar quantas vezes quiser. Antes de libidinosa, a frase soava com ares de provocação. A voz do professor não era das mais cristalinas, e a garota certamente intuiu que não estava conversando com um garotinho. Quantas vezes quiser? Velhote! Quero ver se pelo menos uma você aguenta.

Entrou no estacionamento subterrâneo do Edifício Cristóvão. Preferiu pagar pela vaga, uma calamidade, a correr o risco de que lhe roubassem o carro na rua. Com um sorriso nervoso, imaginou se Irene seria capaz de acreditar que teve de ir até o centro só para comprar o café e o leite em pó.

Verificou se não havia conhecidos por perto, se não estava sendo seguido. Misturou-se aos pedestres, na calçada, e saiu à procura do tal prediozinho de quatro andares. Sim, estava ali, a pouco mais de cinquenta metros, explícito e acessível, só podia ser aquele. Esbarrou numa mulher alta e bonita, desculpou-se. Em vez de se zangar, ela riu com malícia, machuquei o senhor?, era como se conhecesse cada desejo e cada intenção do velho safado.

Por um momento, todos por quem passava pareciam achar graça da mesma coisa. Era patético que um homem daquela idade se prestasse ao papel de procurar uma prostituta em plena manhã de quarta-feira. Não, não, ponderou o professor, que besteira, eles não sabem nada, apenas têm pressa, quem hoje em dia enxerga um palmo diante do nariz?

Entrou pela lateral do prédio e logo encontrou a escada dos fundos. Subiu devagar. Ainda posso desistir, refletiu, basta ser forte e voltar para o carro, talvez consiga recuperar o dinheiro do estacionamento. Continuou, entretanto, e chegou ao terceiro andar.

Caminhou por um corredor escuro e abafado, sentiu um forte cheiro de mofo, algo pingava por perto. Ouviu vozes e choro de crianças, alguém tossia num dos quartos. Demorou a encontrar o 342, havia muitas portas, os apartamentos deviam ser minúsculos.

Esperou um minuto antes de tocar a campainha. E se fosse uma de suas alunas? A hipótese era válida. Todos sabiam que a Universidade estava cheia de garotas de programa, jovens que se prostituíam para financiar os estudos e os exagerados hábitos de consumo.

As consequências seriam nefastas, mas o professor não teve mais tempo para desistir. A porta se abriu numa pequena fresta, os olhos da garota apareceram, espiando. Sim, era morena. Linda? Ainda não dava para avaliar.

— Foi você que ligou agorinha?
— Foi.
Então a porta se abriu de vez. A garota esticou a cabeça para o corredor, olhou para os lados, preocupada, puxou o professor para dentro e tornou a se trancar.
— Desculpe — explicou. — Não quero que saibam que recebo homens no apartamento.
Ela não era linda como dizia o anúncio, não simplesmente linda, era muito mais que isso, era inacreditavelmente bela e encantadora. Descalça, usava um vestidinho curto, estampado, e sorria com todas as perfeições do seu corpo. O professor não teve mais vontade de renunciar à sua pequena aventura, muito menos de virar as costas, inventar desculpas ou voltar para casa. O medo, a cautela, a culpa, tudo desaparecia de repente.
— Como é mesmo o seu nome? — disse ela.
— Roberto. Desculpe, também esqueci o seu.
— Raquel.
— Raquel... Verdadeiro?
— Não, claro que não. A gente sempre usa nomes falsos. Pra despistar, sabe? Deixa que eu pego o seu casaco. Quer beber alguma coisa?
— Não, obrigado.
Ela abriu a janela. Quase sem mobília, o apartamento era bem mais sóbrio que o corredor. O professor sentou-se numa cadeira e avistou a cama, no outro cômodo. Não era redonda nem possuía colcha ou travesseiros vermelhos, mas parecia limpa e aprazível.

Ela sentou-se logo à frente, com as pernas cruzadas. Pôs um dedo nos lábios, provocante:

— O que está olhando, Roberto? Aprovou a mercadoria?

— Confesso que é muito melhor do que eu esperava — ronronou, sem jeito. — Meninas como você não costumam ser reais.

— Que cavalheiro! Vai querer uma massagem pra relaxar?

— Acho que sim.

— Você parece cansado. É o trabalho?

— Provavelmente.

— O que você faz, hein?

Já que mentiu no nome, decidiu mentir também na profissão:

— Sou advogado.

— Tem família?

— Nossa! Vim parar num interrogatório?

— Não, não é isso, desculpe. É que gosto de conhecer as pessoas que deitam na minha cama.

— Olhando assim pra mim, o que você diz? Tenho família?

— Deve ter, né? Você usa aliança. E é um homem tão maduro... Maduro mas bonitão, não me entenda mal.

— A palavra correta é velho.

— Ai, tadinho, claro que não.

— Não precisa se desculpar, já estou acostumado. Sei que sou velho, mas até hoje nunca me faltou disposição.

— Hum! Quero ver, hein?

— E você, tem família?

— Tenho, claro, mas faz tanto tempo que não falo com a minha mãe... Ah, deixa quieto. Você não veio pra ficar ouvindo historinhas tristes, né? Quer tomar uma ducha antes de começar?

Raquel puxou o professor até o banheirinho de azulejos azuis.

— Aqui está a sua toalha — disse. — Pode deixar a roupa em cima do bidê. Já voltou, tá?

Ficou claro, pela atitude dela, que o banho não era opcional. Isso de certo modo agradou ao professor, indicava que ali havia certas normas e cuidados com a higiene. Assim como ele, os outros homens que frequentavam o apartamento eram obrigados a tomar banho e usar camisinha.

Olhou-se no espelho e enxergou uma face que não lhe pareceu familiar. Estranho que pertencesse a Genésio Campanelli, o professor, mais de trinta anos de carreira e de casamento, pai de dois filhos adultos, recentemente avô. Ao mesmo tempo, embaixo, sentia uma ereção firme e latejante, invejável, queria ver o garotão que tinha o mesmo vigor, ainda mais assim, sem trapaças, sem porcarias de farmácia, tudo na base da saúde, da raça.

— O seu tempo está correndo — chamou Raquel, da sala. — É melhor não demorar muito aí no banheiro. Não se preocupe que não vou espiar...

Despiu-se, fechou-se no box, ligou o chuveiro. A água estava quente e agradável. Tomou todas as precauções para não molhar os cabelos e não tocar em nada ao seu redor, especialmente o sabonete e os frascos de xampu. Lavou bem as axilas, o tórax e o membro, que se mantinha pulsante.

Levou um susto ao sair do box. Suas roupas não estavam mais sobre o bidê. Minha carteira, pensou, será que ela mexeu na minha carteira? Se mexeu, azar. Não encontraria grandes somas. Secou-se com certo nervosismo, enrolou-se na toalha, deixou o banheiro.

— Aqui — disse Raquel, e ele seguiu a voz dela.

Estava na cama, nua, deitada de lado, as pernas juntas, escondendo o púbis, e os seios à mostra, desafiantes.

— Vem cá pertinho de mim, vem.
— Você é muito bonita.
— Sou toda sua. Até às onze e meia

Ele se aproximou da cama. A toalha se desprendeu da cintura, cairia não fosse a ereção imbatível.

— Meu Deus! — sussurrou Raquel. — Acho que dessa vez peguei um peixe grande.

E delicadamente puxou a toalha.

3

Entrou na secretaria carregando a pasta de couro falsificado, recitou um boa-noite mecânico e pegou um copinho de café na garrafa térmica. Ao contrário da solidão matutina, agora a sala dos professores estava cheia de colegas que conversavam e tumultuavam o ambiente, que verificavam fotocópias de livros e faziam anotações de última hora. Alguns reclamavam da falta de responsabilidade dos alunos, outros previam uma possível defasagem na folha de pagamento e outros ainda discutiam o último escândalo em que se metera uma atriz da TV. Faltavam cinco minutos para o início das aulas noturnas.

Alguém perguntou a Genésio se ele concordava com essa calamidade. Calamidade? Não soube o que responder porque ouvia as coisas embrulhadas, com atenção diluída, era como se as pessoas fossem borrões e rodassem loucas ao seu redor.

Que lástima, pensou. Só um cego deixaria de perceber que estou num dia de dúvida e desconcerto. Sentiu-se exposto diante de seus colegas e de si mesmo. Em vez de solucionar um problema ao fazer o que fez pela manhã, criou outros, muitos outros. Por que saiu correndo do apartamento de Raquel? Por que não consegue se livrar desse peso e dessa angústia que desde então o acompanham? Pior: por que não consegue se livrar da impressão — ou mesmo da certeza — de que será punido por seu deslize, por sua falta de caráter?

Sabia que parte desses tormentos tinha origem na sua formação religiosa. Por pouco não se ordenara padre. Às vésperas de fazer os primeiros votos, época em que conheceu Irene, saiu do seminário com a promessa de levar uma vida secular mas não muito distante da igreja. Nisso foi bem sucedido. Sempre colaborou com sua paróquia, batizou e crismou os dois filhos, teria dificuldades se precisasse lembrar o último domingo em que faltou à missa. Infelizmente, o confessionário já não lhe parecia adequado para descarregar seus remorsos. Não teria coragem de contar o que aconteceu nem mesmo a um padre desconhecido. Pelo menos não o que realmente aconteceu, com os pormenores que revelariam o ridículo dos seus atos.

De manhã, com a garota, tentou alongar ao máximo os instantes de prazer, mas tudo terminou de repente, rápido e fora de controle. Daí em diante

Raquel já não lhe pareceu tão jovem e bronzeada. Viu que era vulgar e que ria com esgares de animal. Um cheiro desagradável começou a se desprender do corpo dela. Sentiu-se sujo, por isso afastou-se num espasmo. Havia outro espelho por perto, voltou a ver o seu rosto, Genésio Campanelli, 57, pai, avô e professor, faço tudo entre quatro paredes. Desviou os olhos com uma insuportável sensação de desconforto. Embaixo, patético, encontrou o pênis flácido e envolto na camisinha lambuzada.

Deixa que eu tiro, disse ela, e apanhou o rolo de papel higiênico que estava ao lado da cama. Habilidosa e desinibida, deixou-o limpo e "pronto para a próxima". Por que fiz isso?, lamentava o professor. Enquanto Raquel acendia um cigarro, ele não desejou outra coisa que chegar em casa e beijar o rosto de Irene, retomar seus trabalhos e sua rotina, descansar depois do almoço, ligar a TV e assistir ao noticiário local. Você está ofegante, riu-se a garota de programa. Não vá ter um ataque cardíaco na minha cama, hein? Em vez de responder, ele se levantou e disse que precisava ir.

"Já?", reclamou Raquel, fingindo decepção. "Quer dizer que vou ficar assim, sem o segundo tempo?"

Deboche, lógico. Provocava-lhe do mesmo modo que ao telefone, mas agora com conhecimento de causa. O professor desconversou, encontrou suas roupas no quarto, vestiu-se. Pegou a carteira

— não, ninguém mexeu no seu dinheiro — e separou duas notas de cinquenta. Sentiu-se mal, muito mais. Nenhuma máscara resistia à hora do pagamento. Só um minutinho, pediu Raquel, acho que tenho troco na minha bolsa. Não, deixa, não precisa. Destrancou a porta e saiu para o corredor, desceu as escadas correndo, encontrou o carro e fugiu para junto de sua esposa.

Passou a tarde em silêncio. Explicou à Irene que estava atolado de provas para corrigir, ficaria preso no escritório, não queria ser interrompido por ninguém. Mesmo assim ela trouxe um copo de suco, massageou-lhe os ombros, perguntou se poderia ajudar de alguma forma. Não, obrigado, preciso ficar sozinho. Onde encontrar coragem para olhar nos olhos dela? Suspeitou que fosse lhe perguntar por que a mesa estava vazia se tinha tanto trabalho a fazer. Sou um velho esquecido, só isso. Um velho babão.

— Que é isso, Genésio?

— Ahn?

— Concorda com essa calamidade?

Divertidos, os professores esperavam uma resposta. Adoravam cochichar sobre a vida alheia, a dele incluída. O barulho parecia maior; os borrões, mais velozes. Viu Carol se aproximando, achou estranho, não era o horário de trabalho dela, talvez estivesse substituindo alguém. Virou-se, brusco, e queimou a mão com o café.

— Perdão, minha gente, perdão. É que eu... Olha, acho que não estou num bom dia.

— Ficando velho, Genésio?

— Xi! — conseguiu brincar. — Faz tempo!

Apanhou um guardanapo e secou a mão molhada de café. Mais uma vez olhou para Carol. Ela continuava se aproximando. Outro recado de Irene?

— Desculpe incomodar, professor, mas tem um rapaz aí que quer falar com o senhor.

— Agora?

— Ele disse que é urgente.

Os olhos do professor seguiram o dedo da secretária, que apontava para além da porta de vidro. Lá estava o tal rapaz, sorrindo. Algum aluno que queria reclamar da nota ou justificar suas faltas com a morte da avozinha querida? Decerto não. Era a primeira vez que via a cara do sujeito.

— Tudo bem, Carol. Peça para ele vir aqui.

— Já pedi, mas ele insiste em falar com o senhor lá fora.

Que folgado!, pensou o professor. Disse à secretária que mandasse o moço esperar, falo com ele num minuto. Tomou um último gole de café, despediu-se dos colegas, que ainda riam, e saiu para o corredor.

— Genésio Campanelli? — disse o rapaz, estendendo a mão.

— Eu mesmo. Em que posso ser útil?

— O senhor é professor?
— Isso.
— Hum. Pensei que fosse advogado.

Enquanto o outro ria, o professor passou a mão pelos cabelos, massageou um pouco a nuca, contraiu os ombros. Ainda que não entendesse o motivo da graça, sentiu que algo absurdo começava a acontecer.

— Prazer em conhecê-lo pessoalmente — continuou o rapaz. — Meu nome é Roberto.

Agora sim, um bicho mordeu as entranhas do professor. A simples pronúncia do pseudônimo que utilizou durante a visita a Raquel causou um novo rombo na sua cabeça.

Deteve-se no rapaz com mais atenção e nele descobriu um sorriso falso-simpático, cínico, calculista. Não tinha mais de trinta anos, usava sapatos de bico fino, calças sociais, camisa listrada e cabelos simetricamente penteados. Carregava um laptop debaixo do braço.

— Sei que o momento é impróprio — disse Roberto —, mas preciso falar com o senhor em particular.

— Lamento, estou atrasado para a aula.

— Posso garantir que é um assunto do seu completo interesse. Acho que o senhor já sabe do que se trata.

Roberto se virou e caminhou entre a pequena multidão de alunos que iam e vinham no corredor. Além de cínico e calculista, mexia-se como se fosse dono do mundo.

— Eu viria, se fosse o senhor.

Depois de um segundo de paralisia, o professor o seguiu como um bêbado, sem sentir as pernas. Não, não era o que estava pensando, não podia ser, havia outra explicação para o nome e os modos do rapaz. Entretanto, todas as suas dúvidas se dissiparam quando foi abordado por uma aluna que pedia informações sobre a data e o conteúdo de uma prova. Roberto voltou, grosseiro, e praticamente expulsou a moça.

— A prova? — gaguejou o professor. — Mais tarde, minha filha, mais tarde veremos isso.

— Mas professor...

— Amanhã, sim? Amanhã...

Depois disso, Roberto segurou o braço esquerdo do professor, que não protestou nem reagiu, e entrou com ele no banheiro.

— Enfim sós! — zombou.

Já não havia a falsa cordialidade. As palavras que se seguiram foram frias e objetivas:

— Lembre-se de que há muita gente ali fora e o nervosismo não vai auxiliar o senhor em nada. Tente se controlar, ok? Não grite, não me insulte, não bote tudo a perder e, por favor, peço pelo que há de mais sagrado, cuide para não danificar o meu equipamento.

Abriu o laptop e deu os comandos para a exibição de um vídeo. Embora precárias e um pouco granuladas, as imagens eram nítidas, inconfundíveis. Via-se um quarto pequeno e quase sem mobília. Uma cama dominava o recinto. Com um pouco de atenção, era fácil distinguir, sobre a cama, os cabelos, as nádegas e as pernas de uma mulher nua. Pelo jeito como se movimentava, ficou claro que fazia o possível para não mostrar o rosto. Então um homem grisalho entrou no quarto. Com exceção da toalha enrolada na cintura, também estava nu.

— O que significa isso? — disse o professor, pálido.

— Calma que ainda não acabou.

Hesitante, o homem grisalho aproximou-se da cama. Após alguns segundos — tanto ele quanto a mulher falaram coisas inaudíveis, o vídeo não tinha som —, a toalha se desprendeu e, em vez de cair, ficou pendurada no membro ereto.

— Foi a parte que mais gostei — riu-se Roberto, fechando o laptop.

— O que... o que você... o que vocês...

— Acho melhor parar antes que alguém entre e nos pegue no flagra. Já pensou? Professor universitário vendo pornô no banheiro? Que coisa feia!

— O que quer de mim? Não sou eu no vídeo...

— Devo confirmar com sua esposa?

— Meu Deus... meu Deus... você não vai... não pode...
— Fique calmo, por favor. Só quero que pense um pouco comigo. O que aconteceria se eu hospedasse esse vídeo na internet? Quanto tempo o senhor acha que levaria para todos os seus alunos baixarem o arquivo? E os professores, claro. Aposto que também adoram um filminho de sacanagem.
— Espera, rapaz, não vá embora, vamos conversar...
— Conversar, não. Negociar.
— O que você vai fazer com isso?
— Tira a mão de mim, pô! Quer que eu grite?
— Não... não...
— Então se controla! O acordo é o seguinte...

Calou-se porque dois rapazes entraram para usar o mictório. Riam e falavam alto, trocavam piadas a respeito de alguém que se vestia fora dos padrões da Universidade. No espelho ao lado, Roberto pegou um pente e ficou um tempo alisando os cabelos. Nenhum dos dois olhava para ele, era como se não existisse. O professor abriu a torneira e lavou o rosto, também precisava disfarçar, ficar calmo, mas não podia, não conseguia.

Quando os rapazes saíram, Roberto pôs um bilhete num dos bolsos do professor.

— Aí tem o número de uma conta bancária. O senhor tem até o meio-dia de sexta-feira para fazer um depósito de cinquenta mil reais.

— O quê?! Onde vou arranjar tanto dinheiro?

— Não me interessa.

— Peraí, rapaz, o que é isso?

— Se não fizer o depósito até sexta ao meio-dia, libero o vídeo na internet.

O professor começou a tremer e a respirar com dificuldade. Aproximou-se ameaçadoramente do rapaz, mas foi detido por um empurrão e uma advertência:

— Quer botar tudo a perder, quer? Acha que não fiz um backup do vídeo? Acha que a Raquel não sabe mexer com computadores?

Roberto deu um último sorriso e saiu do banheiro. O professor teve ímpetos de segui-lo, de gritar, de fazer alguma coisa além de ficar ali, parado e impotente, mas tudo já era inútil e comprometedor.

Mais uma vez se olhou no espelho. Não viu o professor universitário nem o selvagem tomado de lascívia. Viu a fragilidade de um homem em ruínas.

— Não é possível, meu Deus, não é possível!

Outro rapaz entrou e o surpreendeu falando sozinho. Sem jeito, o professor pegou a pasta e deixou o banheiro. Por sobre as cabeças dos estudantes que passavam, ainda pôde ver, ao longe, o miserável caminhando com o laptop debaixo do braço. Parou para cumprimentar um sujeito que encontrou no corredor. Trocaram um aperto de mãos, um pequeno abraço, umas poucas palavras.

— Virgem puríssima! — exclamou o professor, que por pouco não foi à loucura.

Conhecia, e bem, o sujeito que cumprimentou Roberto. Era um colega seu, um amigo de muitos anos, um ex-aluno que recentemente se tornara professor da Universidade.

Era Maicon Tenfen, o escritor.

4

— Algum problema? — disse Irene. — Você mal tocou na comida.

— Estou sem fome.

— Não gostou do risoto?

— Gostei.

— Então coma mais um pouco. Fiz especialmente pra você.

A filha mais velha estava almoçando com eles. Veio pedir à mãe que tomasse conta do pequeno enquanto ela e o marido iam a um jantar com amigos. Irene demorou a responder. Não queria que o neto ficasse rolando pra lá e pra cá durante a noite.

— Então durma lá em casa — sugeriu a filha.

— Assim o impasse se resolve.

O bebê era a vida das duas.

O que diriam se vissem o vídeo? Como reagiriam se aquela porcaria realmente chegasse à internet? Alguma chance de não descobrirem o escândalo? É certo que os filhos, o genro e a nora logo receberiam e-mails maldosos. Talvez tentassem poupar Irene, que não lidava com computadores, mas a ela bastariam os boatos, as insinuações, as maledicências. Apesar dos trinta anos de casamento, o professor não conseguia imaginar qual seria a reação da esposa. Sofreria, por certo, ela e todos os membros da família.

— Seu pai anda tão esquisito ultimamente... Ontem, sem mais nem menos, apareceu em casa com um pacote de café e uma lata de leite em pó. Quando mostrei o estoque que temos no armário, ainda teimou que deixei um recado com a secretária.

Carol! O que pensaria Carol? O que faria? Provavelmente copiaria o arquivo e o enviaria a todas as suas amigas, vejam o vídeo, é imperdível, conheço o velho, ele trabalha comigo e vive cantando as estagiárias, teve o que merecia, o tarado.

O que merecia! Não parava de ouvir o riso e o escárnio dos alunos. Viram o tamanho da piroquinha dele? Viram como gozou rápido? Viram a cara que fez quando a vadia puxou a toalha?

Os professores também se esbaldariam com o espetáculo, principalmente os mais próximos, os que se diziam amigos. Passariam um tempo sem reclamar dos alunos ou da folha de pagamento, sem se preocupar com as atrizes da TV. Suas conversas se preencheriam com conteúdos mais obscenos, haveria uma nova celebridade na praça: Genésio Campanelli, o porn-star.

A coordenadora do curso daria um jeito de encontrá-lo até no fim do mundo, nem que fosse por telefone, só para tripudiar sobre sua desgraça. Mesmo que o professor já estivesse disposto a enfiar a cabeça num buraco, a mulherzinha não perderia a oportunidade de aconselhá-lo a se afastar por uns tempos, a pedir uma licença sem remuneração, a antecipar a aposentadoria com menos benefícios. Para ela seria a glória, enfim se vingaria das divergências que tiveram nos últimos anos.

— O papai parece tão abatido. Será que está doente?

— Não duvido. Eu já disse um milhão de vezes que ele precisa voltar para os remédios. Mas ele se nega, é teimoso. Reclama que a medicação causa insônia.

O triste, reconheceu o professor, é que agiria da mesma forma se isso tivesse ocorrido com um colega. Também faria piadas de mau gosto, mandaria o vídeo para seus amigos, chegaria em casa feliz da vida e contaria essa última fofoca a Irene, que arregalaria os olhos e sentenciaria: o mundo está mesmo perdido.

Não podia permitir que aquelas imagens caíssem na rede. Na noite anterior, logo que se recuperou do choque, pensou em chamar a polícia, mas isso seria burrice, dessa forma apenas anteciparia o escândalo. Devia localizar os chantagistas antes de tomar qualquer atitude.

    Em vez de ir para a sala de aula, alegou enxaqueca, pegou o carro e dirigiu até o prediozinho de quatro andares que ficava ao lado do Edifício Cristóvão. Lógico que o apartamento 342 estava vazio.

    — Deixa de ser teimoso, pai. Você precisa tomar os seus remédios.

    — Vou fazer isso, minha filha, não se preocupe. Primeiro sou obrigado a resolver uns problemas aí.

    — Problemas?

    — Nada grave. Tenho tudo sob controle.

    A cada minuto se sentia mais perdido. Bateu em algumas portas do corredor escuro e abafado, pedia informações sobre a moça que morava no 342. Ninguém sabia de nada, achavam que o apartamento estava desocupado há meses. "Não quero que saibam que recebo homens no apartamento". Eram profissionais, tomaram todos os cuidados para não serem vistos pelos vizinhos. Instalaram-se apenas para dar o golpe.

    Não mexeram no seu dinheiro, mas nos seus documentos. As roupas e a carteira do professor sumiram enquanto tomava banho porque precisavam saber seu nome verdadeiro. Certamente foi seguido enquanto voltava para casa. Descobriram onde morava e onde de fato trabalhava, levantaram seus dados, enfim escolheram a presa.

    — Ai, mãe, por que não me falou nada? São problemas no trabalho?

— Como vou saber se ele também não se abre comigo?
— Vocês precisam conversar mais. Assim vou ficar preocupada.
— Não dê bola, filha. Você sabe como é o seu pai. Vive imaginando coisas.

Como não conseguiu nada no apartamento 342, voltou à Universidade para conversar com Maicon Tenfen. Foi o seu pior erro. As consequências da conversa o acompanhariam até o último dos seus dias. Hesitou antes de procurar o escritor, sujeito indiscreto e pouco confiável, mas era sua única esperança de descobrir o verdadeiro nome de Roberto. Planejou fazer duas ou três perguntas, nada explicaria e em hipótese alguma revelaria a enrascada na qual se meteu.

O problema é que os nervos do professor estavam a ponto de arrebentar. Maicon deve ter percebido isso, pois dispensou seus alunos e o levou para conversar num local reservado. Após duas horas de diálogo, o professor pouco descobriu acerca de Roberto. Em compensação, Maicon ficou sabendo tudo o que se passara durante o dia.

Exausto e angustiado, o professor começou a falar como se estivesse num divã. Primeiro relatou as linhas gerais de sua desventura. Depois do juramento do colega, que prometeu jamais escrever sobre o assunto, o professor passou a entregar os

detalhes, da página das acompanhantes ao vídeo que viu no banheiro.
— Puta que pariu! — exclamou Maicon.
— É mesmo — concordou o professor. — Estou numa sinuca de bico.
— Nunca me esqueci do que o senhor fez por mim no passado, tenho uma dívida de gratidão, vou ajudar no que for possível.
— Obrigado, rapaz, mas ajudar como?
— Ainda não sei, talvez possamos começar com a identificação desse tal Roberto.

Maicon possuía enorme dificuldade em guardar nomes de pessoas, defeito que às vezes o colocava em situações constrangedoras. O professor descreveu Roberto de várias maneiras, falou dos sapatos de bico fino, das calças sociais, da camisa listrada, do laptop, de tudo. Quando destacou os cabelos penteados à perfeição, Maicon pulou da cadeira. Sei quem é, vibrou, sei quem é. E explicou que detestava toda e qualquer pessoa que, ao contrário dele, conseguia manter os cabelos alinhados.

O tal Roberto na verdade se chamava Jorge. Embora Maicon não se lembrasse do sobrenome, não seria difícil descobrir algo tão simples. Em voz baixa, acrescentou que possuía certos amigos e contatos que poderiam dar um jeito de localizar o bandido.

Esqueça, disse o professor, de que adianta localizá-lo se a amiguinha dele também pode colocar o vídeo na internet? Minha única chance é pagar pelo menos uma parte do que pediram. Não seja bobo, respondeu Maicon. Se fizer o depósito, logo vão aparecer para pedir mais.

— Puxa, pai, você precisa desencanar um pouco, sair da rotina, sei lá, inventar alguma coisa diferente.

— Diferente?

— É. Vai ser bom para a sua saúde.

— Melhor não, minha filha. Sei o que estou falando.

Quando se despediu de Maicon, já se sentia arrependido da confissão. Todo mundo sabia que o escritor não tinha escrúpulos. Se gostasse da história de alguém, escrevia, publicava e pronto, sequer se daria ao trabalho de trocar nomes e cenários para proteger a reputação dos envolvidos.

Chegou em casa no horário de sempre e fez um esforço sobre-humano para não desmoronar na frente de Irene. Era penoso manter as aparências, até porque ela já farejava algo no ar. Passou a noite em claro, no escritório. Faltou à aula no dia seguinte, mas teve o cuidado de se justificar para que não ligassem para sua casa e assim alertassem ainda mais a sua esposa.

Foi ao banco e verificou suas aplicações. Tinha pouco menos de vinte e cinco mil numa caderneta de poupança, era o dinheiro destinado à entrada do apartamento na praia. Embora não soubesse como explicaria a Irene o sumiço das economias, pagar parecia ser a melhor — a única — alternativa.

Será que os chantagistas aceitariam apenas a metade do que pediram? Impossível responder porque não havia como falar com eles, tudo que Roberto — ou Jorge — deixou foi o número de uma conta bancária. Não, não, bobagem! Maicon tinha razão. Quem poderia garantir que deixariam de importuná-lo mesmo que depositasse os cinquenta mil?

Se fosse corajoso o bastante para meter uma bala na cabeça... Se ao menos tivesse um revólver em casa... Não, que idiotice! Mesmo morto ficaria num beco sem saída. Divulgariam o vídeo no dia do velório, só por desaforo.

— E então, mãe? Fica com o pequeno hoje à noite? A gente não sai desde que ele nasceu. Seria tão bom se pudéssemos ir a esse jantar...

O telefone tocou. O professor deixou Irene e a filha conversando, dirigiu-se ao quarto, atendeu a ligação.

— Professor Genésio?
— Sou eu.
— Aqui é o Maicon, tudo bem?
— Aconteceu alguma coisa?
— Ainda não, mas já descobri o nome completo do Jorge.
— E como é?
— Por enquanto o senhor não precisa saber.
— Passe a informação, por favor. Você não

disse que queria me ajudar?

— Breve entrarei em contato.

E desligou.

Irene entrou no quarto. Perguntou quem era ao telefone. Alguém passando trote, respondeu o professor, ríspido. Tem muita gente desocupada por aí.

5

Dormiu umas poucas horas. Acordou quando Irene saía para passar a noite na casa da filha.

— Não vai trabalhar, querido?

— Hoje não tenho aula.

Mentira. Ligou para a Universidade e disse que continuava doente. Não tinha cabeça para enfrentar os alunos. Era possível que no dia seguinte assistissem ao vídeo, e isso bastava para que o professor se sentisse desmoralizado por antecipação. Ainda não sabia o que fazer. Chamar a polícia, jogar-se de uma ponte, entregar suas economias? Tanto faz. Mais cedo ou mais tarde o vídeo acabaria na internet. Achou estranho que os chantagistas não entrassem em contato para lembrar a proximidade do prazo final. Amanhã ao meio-dia, ok? Nem um minuto a mais! Talvez o silêncio fosse uma estratégia de tortura.

— Toda uma vida jogada no lixo!

Ninguém se lembraria do quanto trabalhou, do modo como criou os filhos, da paciência que sempre teve com as pessoas. Como o protagonista de uma tragicomédia, seria julgado e condenado por seus "cinco minutos de bobeira". Azar, loteria, destino. Entre tantos nomes e números de telefone, foi escolher logo o de Raquel. Lembra que antes tentou o de outra garota, Carol, homônimo da secretária que lhe deixava nostálgico e excitado, mas não conseguiu completar a ligação. Ou as coisas deste mundo são pré-determinadas, ou enfrentava alguma espécie de provação divina.

Passou um longo tempo no escritório, sentado, olhando para a parede. De repente ouviu uma buzina em frente à sua casa. Era Maicon Tenfen, que chegava sem cerimônia. O escritor parecia assustado e falava aos atropelos:

— Ainda bem que encontrei o senhor. Venha comigo.

— Para onde?

— Digo no caminho.

— Que correria é essa, rapaz? Primeiro quero saber o nome completo daquele sujeito.

— Jorge Arlindo da Costa. Agora vamos.

— Espere que vou chamar a polícia. Caio em desgraça, mas levo aquele sem-vergonha comigo. Ele e aquela outra guria à-toa.

— O senhor enlouqueceu? Venha logo, não temos tempo a perder.

— Mas eu não posso sair assim. São quase onze da noite. Tenho que avisar minha esposa...

— Esqueça isso.

O professor foi praticamente arrastado para dentro do automóvel.

— Ei! — admirou-se. — Este não é o seu carro.

— Peguei emprestado.

Saíram cantando pneus.

Como muitos na Universidade, o professor temia as atitudes do ex-aluno. Maicon era imprevisível e desequilibrado, às vezes ria e contava piadas, às vezes passava semanas taciturno, com a cara fechada. Vivia se metendo em confusão por causa dos amigos, poucos, não talvez por lealdade, mas simplesmente porque era intrometido e não sabia quando calar a boca. Corriam boatos de que pelo menos duas vezes fora internado em clínicas psiquiátricas.

Quando o automóvel saiu da cidade, o professor não resistiu à pressão e subitamente explodiu em berros, começou a se descabelar.

— O que está acontecendo, Maicon?

— Calma, professor.

— Diga ao menos para onde está me levando.

— Não sei o nome do local, mas fica a uns cem quilômetros daqui.

— Cem quilômetros? Você perdeu a noção? O que vamos fazer lá?

— Não consegue adivinhar?

— Localizou aqueles dois, é isso? Vamos encontrar com eles para fazer um acordo cara a cara? Mas eu não trouxe o dinheiro comigo. Não seria melhor termos o dinheiro para negociar?

Não houve resposta. Apenas uma troca de olhares e um sorriso revelador.

— O que foi, Maicon? Por que está rindo desse jeito? Ah, não... não é possível... não vai me dizer que... Não, não, nada disso, pode ir voltando, quero que me leve de volta para casa. Eu não vou participar disso. Não vou!

Iriam recuperar o vídeo à força? Não duvidava de que Maicon fosse louco o bastante para lhe propor uma coisa dessas. Era frio e vingativo, demonstrara isso em diversas ocasiões. Uma vez escreveu e publicou um romance às pressas apenas para difamar uma editora caloteira que o havia passado para trás. O professor sabia do caso porque fizera a revisão do texto. Todo um livro somente para justificar duas ou três maledicências contra um desafeto! Não se pode duvidar de alguém capaz de escrever duzentas páginas por ódio.

— Seja sensato, Maicon, vamos voltar. Eu não preciso da sua ajuda.

— Tenho uma dívida de gratidão, já disse. Quando todos me deram as costas e riram das minhas pretensões literárias, o senhor aceitou fazer a revisão do meu romance, de graça, mesmo tendo pilhas de provas para corrigir.

— Fico feliz por sua gratidão, mas nunca pedi nada em troca.

— É por isso que quero ajudar. E não é só por causa da revisão. Quando tentaram me expulsar da Universidade, o senhor foi um dos poucos que ficou ao meu lado e me defendeu. Não posso permitir que aquele gigolozinho de araque acabe com a sua reputação.

Com efeito, o professor acompanhou as perseguições que Maicon sofreu depois que começou a lecionar na Universidade. Colegas mesquinhos promoviam campanhas de difamação entre os alunos, diziam que era um charlatão, que lia apenas as orelhas dos livros sobre os quais falava, estimulavam cartas anônimas e tentavam fabricar abaixo-assinados, marcavam obscuras reuniões de colegiado, passavam informações distorcidas para a pró-reitoria, havia uma mobilização subterrânea para chutá-lo antes que findasse seu estágio probatório.

Fingindo diplomacia, Maicon aguentou tudo em silêncio. À boca-miúda, porém, prometeu que cedo ou tarde se vingaria de forma exemplar, escreveria um romance, um conto, uma crônica, qualquer coisa que justificasse a inclusão de algum parágrafo tosco e fora de contexto para ridicularizar seus inimigos. Era louco, obsessivo. O professor tinha a impressão de que seu ex-aluno não gostava nem um pouco de escrever. Só queria difundir o seu mal-estar.

— Relaxe, professor. Temos um belo trecho pela frente.

O carro deslizava sobre a rodovia escura. Maicon dirigia com imprudência, fazia ultrapassagens forçadas, pouco diminuía nas curvas. O professor de repente se deu conta de que era inútil sentir medo. Depois de tudo que passou nas últimas horas, não se importaria se perdessem o controle e rolassem ribanceira abaixo.

Por um minuto imaginou que era vítima de uma brincadeira, um trote, a data do seu aniversário não tardava. Inclusive, um dos contos de Maicon terminava assim. Alguém colocava um amigo em falsos apuros e depois acendia as luzes de uma comemoração etílica... Claro que não, que sonho, era bom demais para ser verdade. Além disso, ninguém armou a cama para o professor. Agiu pela própria cabeça, enroscou-se nos próprios passos.

Iriam mesmo ao encontro dos chantagistas, haveria violência, talvez Maicon tivesse uma arma no carro. Devagar, esticou o braço e abriu o porta-luvas.

— O que está procurando?
— Nada.
— Quer que eu ligue o rádio?
— Melhor não. Estou com dor de cabeça.

— Não vá pegar no sono, hein! Quero que o senhor fique ligado hoje à noite.
— Por quê?
— Logo veremos. Já contei a história da menina que não conseguia fazer cocô?

O professor não estava com cabeça para responder. Maicon repitiu a pergunta:
— Já contei a história da menina que não conseguia fazer cocô?
— Não que eu me lembre.
— Na verdade é um pequeno texto que acabei de escrever. Ainda não sei se vou publicar, é um pouco escatológico. Gostaria de ouvir?
— Não sei se o momento é adequado.
— Por favor, professor, preciso de uma opinião respeitável.
— Já que é assim...
— Mas também não quero aborrecer o senhor. Se quiser que eu fique em silêncio, é só falar.
— Não, tudo bem. Vá em frente.
— Beleza. Acho que não vai ter muita graça oralmente, mas é mais ou menos o seguinte: a nossa heroína, a menina, vive solitária numa casa enorme e cheia de brinquedos. Além de quase não ver o pai, que está mais preocupado com a empresa e as amantes, faz o máximo para ficar longe das crises e das bebedeiras da mãe. Para complicar um pouco a situação, há esse problema da prisão de ventre. Foi levada aos melhores médicos, subme-

tida aos tratamentos mais caros, inclusive com remédios importados, mas infelizmente continua na mesma. Às vezes fica dez dias sem ir ao banheiro, com a barriga inchada e doendo, uma tristeza. Pior é que a menina de vez em quando sente certa agitação nos intestinos, algo se movimenta ali dentro, com força, o que lhe causa uma grande apreensão. Pensa que é um casal de peixes nadando nas suas entranhas. Torce para que sejam dois machos ou duas fêmeas. Se forem um macho e uma fêmea, estará perdida. Logo na primeira desova, milhares de alevinos vão se desenvolver e ocupar um espaço cada vez maior do seu corpo, seu estômago vai crescer a ponto de se esgarçar e explodir... O senhor está me ouvindo?
— Estou.
— Pois bem. A menina fica preocupada. Resolve contar o que está acontecendo para a mãe. "Besta que nem o pai!", responde a megera, com um copo na mão. Como a menina insiste em sustentar a teoria dos peixes, a mãe lhe dá uns cascudos e a deixa presa no quarto de dormir. Seja o que for, o negócio na barriga dela começa a borbulhar e escoicear. De uma hora para outra, então, a menina sente uma legítima vontade de fazer cocô. Bate na porta, chama, grita, mas ninguém lhe dá a mínima. Sem condições de ir ao banheiro, decide cagar no quarto mesmo. Pela primeira vez em meses consegue se aliviar de uma forma total.
— Maicon...

— Não está gostando?
— Isso não vai dar certo. Vamos voltar para casa.
— Calma lá, professor. Deixa eu primeiro terminar o conto. Depois que a menina se limpa com uma folha de caderno, percebe que o bolo fecal é um pouco diferente dos que produzira até então. É compacto e gelatinoso, cheio de nervuras, pulsa como um batimento cardíaco e possui dois olhinhos de recém-nascido. A menina sorri. Esconde o amiguinho numa gaveta para que ninguém o machuque... Escrevi na terceira pessoa, mas estou pensando em mudar para a primeira. O que o senhor acha?
— Prefiro não opinar. Já acabou?
— Claro que não. A melhor parte vem agora. A menina logo vê que a coisa cresce rapidamente e só se alimenta de carne viva. Então começa a caçar ratos para o amiguinho, depois gatos, depois pequenos cães. A massa gosmenta do organismo envolve suas presas e, liberando ácidos poderosos, absorve-as com uma voracidade sem par. O espetáculo é horrendo, mas deleita a menina. A criatura continua crescendo até ocupar todo o espaço disponível no quarto. Um dia a mãe entra para descobrir o que sua filha esconde lá dentro e acaba devorada. A menina aplaude. Depois é a vez do pai, de uma de suas amantes e da empregada doméstica. O monstro cresce mais, sai às ruas, atinge o tamanho

de um prédio de quatro andares e espalha o terror pela nação... O senhor não acha que minha história é um pouco hermética?

— Pelo contrário. Está claríssima. Mais direta impossível.

— Que bom. Se as pessoas não entenderem o que quis dizer até aqui, também não vão entender no final. As forças armadas atacam o monstro com tanques e mísseis, mas é o mesmo que nada. Com o tempo, ele aprendeu a devorar tudo o que vê pela frente. Quanto mais o atacam, mais o deixam fortalecido. Trabalhando sob pressão, o serviço de inteligência acaba encontrando a nossa menina. Pedem que procure o monstro e tente acalmá-lo. A criança reluta, mas vai. Teria sucesso em sua missão? O mundo para a fim de assistir à pacificação da criatura. O monstro reconhece a menina e interrompe sua sanha destruidora. Então ela se aproxima com a mão estendida e... Ah, merda!

— O que foi?

— Acho que furou um pneu.

— Bem no clímax?

— Pois é. Parece que estamos num dos meus contos.

Pararam no acostamento. Um dos pneus traseiros estava realmente furado. O professor tentou aproveitar a ocasião para convencer Maicon a voltar. Tempo perdido. Então sua experiência de motorista lhe disse que dentro de poucos minutos apareceria um carro da polícia. Sempre que viajava à noite e se via forçado a usar o acostamento, era abordado pelos patrulheiros que cobriam o perímetro. Seria sua oportunidade de pedir uma carona e acabar com toda essa palhaçada. De novo estava convencido de que entregar o dinheiro era a única coisa sensata a fazer. Se Maicon quisesse ficar zangado, paciência.

— Ô caralho! — disse Maicon, chutando o pneu. — Logo agora?

— O macaco está no bagageiro?

— Está, mas deixa que eu mesmo pego.

— Posso ajudar.

— Então traga a lanterna que tenho no porta-luvas. Por gentileza.

O professor obedeceu, mas não encontrou nenhuma lanterna. Quando voltou para trás do veículo e das luzes de alerta, Maicon, que já tinha o macaco e o socorro, agachou-se perigosamente às margens da rodovia. Carros passavam em alta velocidade, os pneus chiando violentos sobre o asfalto.

— Estamos num local meio delicado — disse o professor. — Você tem aquele triângulo sinalizador?

Antes que Maicon pudesse responder, uma caminhoneta vermelha estacionou a poucos metros de onde se encontravam. Não era a polícia esperada pelo professor. Homens armados saltaram da carroceria e ordenaram que os dois se rendessem. Disseram que não fariam mal a ninguém, só queriam levar o carro.

6

Eram dois homens altos e decididos. Impossível ver os rostos deles porque um terceiro elemento, que permaneceu ao volante, jogou luz alta nos olhos do professor. Maicon ficou de pé ao lado do carro, arregalado e boquiaberto, segurava a chave de roda com a mão direita. Seria tolo o bastante para reagir?

— Tudo bem, tudo bem — conciliou o professor. — Podem levar o carro. A chave está no contato.

— Levar como? — disse um dos homens. — Não vê que o pneu tá furado? Vamos! Ao trabalho!

— Peraí — intrometeu-se Maicon. — Acho que escolheram o carro errado.

— Cala a boca.

— Vocês não sabem o que estão fazendo.

— Cala a boca, pô!

— Não roubariam esse carro se soubessem que...

O homem atirou para o alto. Maicon voltou a se agachar e trabalhar no pneu. Esbaforido, posicionou o macaco e num instante levantou o veículo. O professor se aproximou e ajudou no que pôde. Estava tremendo e quase chorando.

— Rápido! — gritavam os assaltantes. — Mais rápido!

Quando Maicon e o professor terminaram o serviço, foram obrigados a entregar as carteiras.

— E os celulares?

— Esqueci o meu em casa — disse o professor.

— Não uso essas porcarias — disse Maicon.

Os homens ficaram desconfiados.

A essa altura, o professor já conseguia encarar seus problemas com certa resignação. Por sua vez, Maicon mantinha-se irritantemente arregalado. Tinha um trunfo na manga? Ainda tentaria algo?

— Para o mato! — ordenou um dos homens.

— Quinhentos passos para longe da rodovia, devagar e sem olhar para trás. Depois podem voltar e pedir carona.

— E isso? — perguntou Maicon, mostrando o macaco e a chave de rodas.

— Larga a mão de ser besta, mané! Bota logo no bagageiro. Mas cuidado, valeu? Bobeia pra ver se não leva um teco no rabo!

O professor já estava bem afastado da estrada. Pôs as mãos atrás da cabeça sem que ninguém lhe pedisse. Anteviu uma cena horrível, adivinhou que algo bizarro aconteceria, virou-se esperando o pior. Mas Maicon não fez nada de mais. Apenas abriu o porta-malas — ostensivamente abriu o porta-malas — e deu de ombros. Os bandidos não esperavam ver o que viram. Recuaram, assustados.
— Que diabo é isso?
— Eu tentei avisar. Vocês não roubariam esse carro se soubessem que...
— Fica quieto, seu imbecil! Quer morrer, quer?
O terceiro homem saiu da caminhoneta:
— Que merda é essa, meu?
— Eu sei lá! Vamos dar um fim neles?
— Deixa. Pode sobrar pra gente depois.
— Então o que...
— Melhor dar no pé. S'embora, s'embora!
Abaixaram as armas, voltaram para a caminhoneta, sumiram na noite escura. Maicon fez um tchauzinho gozador, mas só quando teve certeza de que não corria mais perigo.
O que havia no porta-malas?, pensou o professor. Voltou para perto do carro, curioso. Entendeu por que Maicon não quis que pegasse o macaco e o socorro, por que o mandou buscar uma lanterna inexistente no porta-luvas. Estava escondendo alguma coisa no bagageiro.

— Filhos da puta! — desabafou Maicon. — Só são homens com pistolas na mão. Mas viu como correram, viu? Bando de maricas!

O professor deu mais alguns passos em direção à traseira do veículo.

— Lamento se coloquei nós dois em perigo, mas o senhor estaria fodido se levassem o carro. Desculpe o palavreado, é que fiquei muito nervoso. Puta lo caralho, que adrenalina!

— Eles não fugiram por nada, Maicon. O que foi que viram aí atrás?

— Uma coisinha à toa.

— Não tente esconder mais nada de mim.

— Tem razão, professor. Pode olhar. Mais cedo ou mais tarde, o senhor vai ter que enfrentar os seus próprios fantasmas.

Apesar da luz vermelha, que piscava, a cena não deixava dúvidas. Havia dois corpos socados no porta-malas. Um homem, que estava com a cabeça e as pernas quebradas, um dos sapatos perdido, a camisa tingida de sangue e os cabelos escangalhados; e uma mulher, mais atrás, que aparecia em parte de sua nudez, usava apenas calcinha e, sem querer, exibia as escoriações dos braços e da face. O professor gemeu. Teve a impressão de que a moça abriu os olhos para perscrutar sua alma cheia de culpas.

Um murmúrio:

— O que... você... fez... Maicon...

E um grito:

— O que você fez?!

— Esses dois queriam destruir a vida do senhor.

— Você é doente. Doente! Disse que estávamos viajando para encontrar com eles e negociar.

— Quem disse isso foi o senhor.

— Pelo amor de Deus, Maicon, você matou duas pessoas!

— Por que não para de gritar, hein?

— Como consegue ficar tão calmo?

Maicon bateu o porta-malas, com força. Virou-se para voltar ao volante.

— Adianta fazer alarido? Vamos antes que mais alguém resolva encostar, talvez até a polícia.

— Eu não vou a lugar nenhum. Eu não tenho nada a ver com isso.

— Tem sim, professor.

— Não tenho, não! Que desgraça! Nós vamos para a cadeia, vamos para a cadeia... não... não... você vai... foi você que matou... eu não... eu não fiz nada...

— Ô saco! Já pedi para parar de gritar.

— Os assaltantes! Eles vão nos denunciar.

— Vão nada. É tudo gente que tem ficha na polícia. Pra que se envolveriam se só querem ficar livres para roubar em paz? É por isso que liberaram a gente.

— Faça o que quiser. Eu vou embora.

— Embora como?
— Peço uma carona, vou a pé, não importa.
— Volte para o acostamento, professor. Desse jeito o senhor vai se enfiar debaixo de uma carreta.
— Seria uma solução!
— Volte aqui, por favor.
— Fique longe de mim, seu maníaco! Pensei que você fosse capaz de tudo, Maicon, de tudo, mas não disso. Não disso!
— Temos que nos livrar do lixo.
— Vá pro diabo!
— Que que foi, professor? Quebro o maior galho e é isso que recebo em troca? Olha, detesto entrar nesses termos, mas não se esqueça de que agora quem tem o laptop sou eu.
— O quê? Você viu o vídeo?
— Claro que não. Mas se for necessário...
— Não brinque comigo.
— Não é brincadeira. Ou me ajuda a enterrar esses dois, ou eu mesmo coloco aquela merda na internet.
— Você não presta. Nunca imaginei que... Espere um pouco, o que pretende com isso?
— Ora o quê! Ajudar, né? Só que preciso de cooperação. Ao contrário do senhor, que está atolado até o pescoço, eu é que não tenho nada a ver com essa história.
— Tem, sim. Botou os dois no seu carro.

— Meu carro! É deles. Pelo menos estava com eles. Vamos logo, professor.

— Mas os assaltantes... Eles ficaram com nossas carteiras, com nossos documentos.

— Eu sei. E ainda temos que passar por um posto policial. Isso quer dizer que as chances de sermos detidos são grandes. Sorte que o tanque está cheio.

— Maicon... por favor... Maicon...

— Pela última vez, professor Genésio Campanelli. O senhor vem por bem, ou por mal?

7

Depois de trinta quilômetros de estrada de barro, onde o carro teve de seguir devagar por causa dos buracos, chegaram ao descampado que, segundo Maicon, seria o cemitério ideal para os chantagistas. Nenhum morador a léguas de distância, nenhuma lavoura, nenhuma criação de gado, apenas o solo infértil e solitário.

O professor tinha certeza absoluta de que terminaria atrás das grades. Em vez de se atenuarem, seus problemas se multiplicavam com o passar das horas. Primeiro a sua crisezinha existencial, depois o sentimento de culpa, depois o perigo da desmoralização pública e agora um duplo homicídio. Ou cúmplice disso, na melhor das hipóteses.

Maicon garantiu que deletaria o vídeo, as duas cópias que encontrou, nada faria para prejudicar o professor, que é isso?, só queria que o acompanhasse até o fim da jornada. Não disse como localizou Jorge e a garota, nem como tirou a vida deles, mas deixou escapar que não agiu sozinho e não utilizou lâminas ou armas de fogo — era contra essas coisas.

— Você matou os dois a pauladas?

— Mais ou menos.

Psicopata!, xingou mentalmente o professor. Seus colegas tinham razão quando tentaram expulsá-lo da Universidade. Como passou pelos testes psicológicos? Ah, não são muito difíceis de burlar. Ninguém conhece um ser humano por inteiro, mesmo quando tem a oportunidade de observá-lo de perto. Maicon não era seu amigo, não era amigo de ninguém. Ao contrário do que afirmava, não se envolveu nessa história e fez o que fez com o intento de ajudar. Era explícito o seu desejo de repreender, de punir a má conduta do ex-professor.

— Agora vem a parte chata. Cavar. Não sei se o senhor notou, mas tenho duas pás lá atrás com os defuntos. O chão é meio socado por aqui. Acho que vamos suar.

— Pensou em tudo, né?

— Tomara. Rapidinho a gente descobre se deixei algum rabo para puxar.

— Descobre como?

— Ouvindo a voz de prisão!

— E ainda faz gracinhas! Não percebe a gravidade da situação?

— Desculpe, professor, não resisti à piada.
— Uma hora encontram os corpos.
— Com certeza, mas não tão cedo. São dois caloteiros, dois vagabundos. Vai demorar para alguém sentir falta deles.

Começaram a cavar na área iluminada pelos faróis do veículo. O solo era de fato duro, quase pedra, castigava qualquer um que tentasse vencê-lo. O professor transpirava em excesso, e Maicon, embora tentasse parecer atlético, também apanhava feio da ferramenta.

Num determinado momento, pensaram se não seria melhor abrir o buraco em outra parte. Só não fizeram isso porque a cova já ia pela metade, mais um pouco e estaria funda o suficiente para abrigar os dois corpos. O problema é que, quanto mais cavavam, mais pedregosa e resistente ficava a terra.

À beira de uma estafa, o professor parou um minuto para descansar. Sua aparência era deplorável, estava sujo, suado, tinha sede, tudo no seu corpo doía, as pernas, os braços, a coluna, respirava com dificuldade e sentia os calos de sangue e água que brotavam nas mãos. Trabalhou no pesado quando jovem, sabia como usar uma pá ou uma enxada, mas já não tinha fôlego para tanto.

Rezou para que Irene ficasse na casa da filha até de manhã, assim teria uma chance remota de esconder sua excursão noturna. Como explicar que saíra por aí para cavar sepulturas? Tudo estaria perdido se ela resolvesse ligar para casa, ninguém responderia, nem no residencial nem no celular. Ficaria preocupada, talvez até obrigasse a filha a levá-la embora no meio da madrugada.

De qualquer forma, pensou o professor, Irene seria o menor dos seus problemas tão logo a polícia entrasse no caso.

— Pronto! — disse Maicon, jogando a pá.

— Será que dá para os dois?

— Vamos ver.

— Acho melhor cavarmos um pouco mais, só para garantir.

— Pra mim chega. Estamos trabalhando há duas horas.

Abriram o porta-malas e pegaram o primeiro corpo, o de Jorge, mais machucado e mais coberto de sangue ressequido. Parecia possuir membros de boneca desengonçada. Escapou das mãos do professor porque as canelas inexplicavelmente se dobraram sobre os joelhos.

— Ele é muito alto — explicou Maicon. — Tive que quebrar as pernas para que coubesse aí dentro. Acho que foi mais difícil que cavar aquele buraco. Só consegui porque encontrei uma lajota de quarenta quilos.

Arrastaram o corpo até a dianteira do carro e o empurraram para dentro da cova. Com uma aparência assustadora, Jorge ficou amontoado lá no fundo.

— E agora? — perguntou o professor.

— Agora é só jogar barro por cima, mas primeiro vamos pegar a garota.

— Que barulho é esse?

— Barulho?

— Parecem passos.

Voltaram para trás do veículo e, num susto, encontraram o porta-malas vazio. Olharam ao redor e viram um vulto mancando para longe.

— Ela está viva! — gritou o professor. — Ela ainda está viva!

— Porra! — disse Maicon, admirado. — Eu bati com toda a minha força!

Seminua e agonizante, Raquel tentava escapar. Caiu, levantou-se, tropeçou, voltou a cair, estava muito ferida. O professor também tropeçou e caiu durante a rápida perseguição, teve vontade de vomitar logo que conseguiram alcançá-la. Maicon chegou correndo e começou a chutá-la nas costas e na cabeça.

— Pare com isso, rapaz!

— Qual é o problema? Quer que ela sobreviva para nos entregar à polícia?

— Não pode ser assim, é muita crueldade, deve existir outra solução.

— Outra solução o caralho! Eles é que escolheram essa vida. Eles é que quiseram chantagear o senhor. Só estão recebendo o que merecem. Aqui, pegue a sua pá. O senhor é que precisa pôr um ponto final nessa história. Tem o dever de fazer isso.

— Claro que não! Eu não posso acabar com a vida dela.

— Ela não quis acabar com a sua? E qual a diferença agora? O senhor pensava que ela já estava morta mesmo.

— Me deixe em paz...

— Não tem paz, professor. Vivemos num canil para cachorro louco. Pegue a pá, vamos, faça o que precisa ser feito.

O professor passou a mão pelos cabelos, massageou forte a nuca, contraiu os ombros. Raquel gemia e rastejava. Apesar do escuro, era fácil ver que estava com o corpo lanhado, o rosto retorcido de pancada, os dentes da frente quebrados.

— Deus que me perdoe, essa menina é bem mais nova que a minha filha.

Ela abraçou as pernas do professor, envolveu-o com pranto e desespero, insistia em pedir desculpas, tudo não passava de uma brincadeira de mau gosto, devolveriam o vídeo, devolveriam sim, foi ideia dele, do Jorge, ele me obrigou, me forçou a fazer isso, nunca concordei, nunca, era sujeira, água, não quero morrer, não quero, pelo amor de Deus, me leve para o hospital, água, água...

— Tá com sede, vagabunda?

Maicon abriu o zíper e urinou em cima dela.

— Pare com isso — pediu o professor, que

caiu de joelhos e chorou impotente. Não queria que Raquel sofresse, mas ao mesmo tempo compreendia a impossibilidade de deixá-la viver.

— Que droga, professor! Será que sou obrigado a fazer tudo sozinho?

Maicon entrou no carro. Veio em marcha à ré, à toda, o veículo sacolejando sobre as incongruências do terreno, e passou por cima da garota. Repetiu a operação para se certificar de que estava morta de uma vez. Sobrou um emaranhado de braços e pernas e seios cobertos de sangue e poeira.

— Vamos pagar por isso — murmurava o professor —, vamos pagar por isso...

— Ela também foi devorada — resmungou Maicon, ofegante.

— O que... o que está dizendo?

— A menina do meu conto. Depois que crescem e se tornam independentes, as criaturas não costumam poupar seus criadores.

8

O professor entrou no supermercado para apanhar um pacote de café e uma lata de leite em pó. Quase não acreditou quando viu Carol segurando uma cestinha de compras. Usava apenas biquíni — a pele branquíssima! — e parecia insatisfeita com o preço dos produtos. Mantinha-se jovem e atraente, apesar dos oito anos que se passaram.

— Professor Genésio? — disse, surpresa. — É o senhor?

Foi pego desprevenido. Na hora do abraço, sentiu o cheiro dela como nunca havia sentido antes, e sentiu também os seios, os túrgidos seios que se prensaram contra o peito de ancião.

— Quanto tempo! — disse Carol.

— Quanto tempo! — disse o professor.

E conversaram uns minutos entre as prateleiras. O que tem feito da vida, menina? Continua trabalhando como secretária? Não acredito, está me dizendo que ainda não se casou? Aproveitando a vida, hein? É muito bom reencontrar você, ainda mais nesses trajes conventuais.

— Ai, professor — riu-se, falsa encabulada.

— Tô indo pra praia, né?

Então ela largou a cestinha e disse que precisava se despedir, umas amigas a esperavam no calçadão. Quando ganhou um beijinho no rosto, o professor pensou em convidá-la para conhecer o seu apartamento, fica aqui perto, a uns duzentos metros da orla, pobre mas limpinho, sabe? Desistiu porque ouviu, quase de imediato, o escárnio e a maledicência dos pedestres, dos turistas que chegavam para a temporada, dos ex-alunos que porventura passassem por ali. O que o vozinho quer com a sirigaita?

Comprou um jornal no caixa. Apanhou a sacolinha com o leite e o café, caminhou para casa. Parou numa lotérica e pagou as contas de água e luz.

A polícia não descobriu muito sobre o sumiço de Jorge e da garota, na verdade nunca encontraram os corpos e nunca o chamaram sequer para um interrogatório de rotina, mas isso não queria dizer que o professor estivesse tranquilo. Apesar da aposentadoria e do apartamento na praia, pagou caro pelos últimos anos.

Vivia intrigado com sujeitos de meia idade que usavam paletós e óculos escuros, morria de medo que um deles de repente se aproximasse e lhe esfregasse uma identificação no nariz, bom dia, sou o comissário fulano de tal, posso tomar um minuto do seu tempo? Acordava de madrugada, arfando, e ficava à espera dos policiais que arrebentariam a porta para algemá-lo e levá-lo à delegacia mais próxima.

Às vezes passava semanas em frente ao computador, sentia uma irresistível necessidade de verificar se o vídeo já estava hospedado em algum site pornográfico. Aquela porcaria nunca foi destruída, tinha certeza, e poderia aparecer a qualquer instante, ainda mais agora, com a morte de Maicon.

Nunca engoliu o comportamento samaritano do ex-aluno. Sabia que ninguém cometeria tantas atrocidades por gratidão ou mesmo desvario. Outras razões o levaram a eliminar aqueles dois, mas quais? Conhecia Jorge, isso ficou claro quando se cumprimentaram no corredor, talvez conhecesse Raquel também. Outra vítima do golpe?

Uma vez Maicon lhe segredou que adorava encher os seus textos de mensagens e ligações ocultas, jogava com o leitor e dizia coisas que jamais teria coragem de dizer diretamente. Por isso, obsessivo, o professor começou a analisar e esquadrinhar todos os livros do colega, procurava uma resposta para os eventos e as motivações que de alguma forma ficaram no ar, em particular os relacionados àquela noite.

Houve períodos em que não comia nem dormia direito, absorvido que estava pelo trabalho, mas todos os seus esforços findavam em frustração. Quando pensava ter encontrado algo palpável, via-se repentinamente na incumbência de riscar suas anotações e recomeçar do zero. Irene o repreendia, várias vezes destruiu os livros de Maicon — eles vão acabar com você, Genésio, vão te matar! —, no entanto o professor persistia em sua busca.

Desistiu somente quando seu médico lhe mostrou o xérox de um recorte de jornal: Maicon Tenfen morto! Na tarde de 14 de novembro de 2017, ao cruzar uma rua nas imediações da Universidade, o escritor foi atropelado por uma caminhoneta vermelha. Segundo testemunhas, os três ocupantes do veículo fugiram sem prestar socorro. Conduzido às pressas para o hospital, Maicon veio a falecer na sala de cirurgia. Com a ajuda do filho mais novo, que trabalhava na emergência, o professor se inteirou de todos os detalhes. Mil vezes leu a notícia e mil vezes imaginou que finalmente encontrara uma resposta para suas inquietações.

Entrou no apartamento e viu Irene trabalhando na reforma de um velho guarda-roupa. O neto estava passando uns dias com eles porque a filha mais velha, divorciada, tirava férias com o novo namorado. O professor não se lembrou de comprar nenhum doce para o pequeno, mas não se sentiu culpado. Pôs o leite e o café sobre a mesinha da sala.

— De novo, Genésio?

Irene abriu o armário e, pela enésima vez, mostrou ao marido que não precisavam de nenhum gênero alimentício. Depois exigiu que ele se sentasse e tomasse o seu remédio.

— E nada de reclamações, tá? Você precisa desses medicamentos, não me venha falar de insônia, muito menos de dor no estômago.

O professor não retrucou. Jogou as pílulas na boca, tomou todo um copo de leite e estalou a língua como se tivesse sorvido o néctar dos deuses.

— Aqui, vovô, olha só o desenho que fiz pra você.

— É bonito, filho, mas nunca se esqueça de que vivemos num canil para cachorro louco.

— Ô Genésio! O que está dizendo para o menino?

— Nada, Irene, nada. Só preciso descansar uns minutos antes do almoço.

Sozinho no quarto, abriu sua pasta de couro falsificado e nela cuspiu as pílulas intactas. Sentou-se na cama e folheou o jornal até encontrar os classificados. Quando se deu conta, seus olhos passeavam entre os números e as propostas da página das acompanhantes.